# 40 ist GAR NICHT sooo alt ...

## ... FÜR EINE FRAU

Mit Cartoons von Steffen Gumpert
und Texten von Maria Paulsen

## Liebes Geburtstagskind,

dies ist ja der tollste Geburtstag für eine Frau: Du weißt, was du willst – und meistens hast du's auch schon. Aber vor allem hast du fast immer blendende Laune.

Die Männer liegen dir hingerissen zu Füßen – endlich eine Frau, die sagt, wo's langgeht.

Und deine Freundinnen gehen notfalls mit dir durchs Feuer. Aber am liebsten geht ihr: Feiern.

Für so ein Prachtexemplar wie dich ist dieses lustige Büchlein gedacht – denn was wäre das Leben ohne Spaß und Lachen!

*Happy Birthday!*

# Inhalt

Blöd für deine Konkurrentinnen: Charisma gibt es nicht zu kaufen.

Wo du reinkommst, kann man die Heizung ausmachen!

Junge Hüpfer sind unsicher und haben „nix zum Anziehen"; du weißt, wer du bist und was dir steht!

Wenn du kommst, gehen die anderen Frauen lieber. Keine Chance.

Wenn du eine Ausstellung betrittst, verblassen alle anderen Kunstwerke.

**Die 5 wichtigsten Dinge auf dem Einkaufszettel:**

1. Schuhe
2. mehr Schuhe
3. noch mehr Schuhe
4. noch viel mehr Schuhe
5. alle Schuhe!

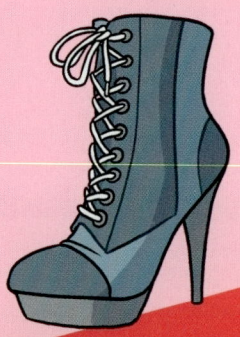

Schuhe freuen sich auf deine Füße!

BESSER NIVEAU ALS PLATEAU.

# FLIRTEN

5. Er traut sich nicht.

4. Er wird rot und verhaspelt sich.

3. Er ist tollpatschig und schmeißt deinen Cocktail um.

2. Er schickt einen Freund vor.

1. Er fordert dich zum Tanzen auf,
   obwohl er es gar nicht kann.

## ... und die 7 lästigsten:

7. Er winselt.

6. Er klopft blöde Sprüche,
   um seinen Kumpels zu imponieren.

5. Er hat keine Manieren.

4. Er hat Mundgeruch und ungepflegte Fingernägel.

3. Er starrt dir nur auf die Möpse statt ins Gesicht.

2. Er hält sich für unwiderstehlich, ist aber ein Vollidiot.

1. Er ist vor ungefähr sieben Sekunden
   bei einer anderen abgeblitzt.

13

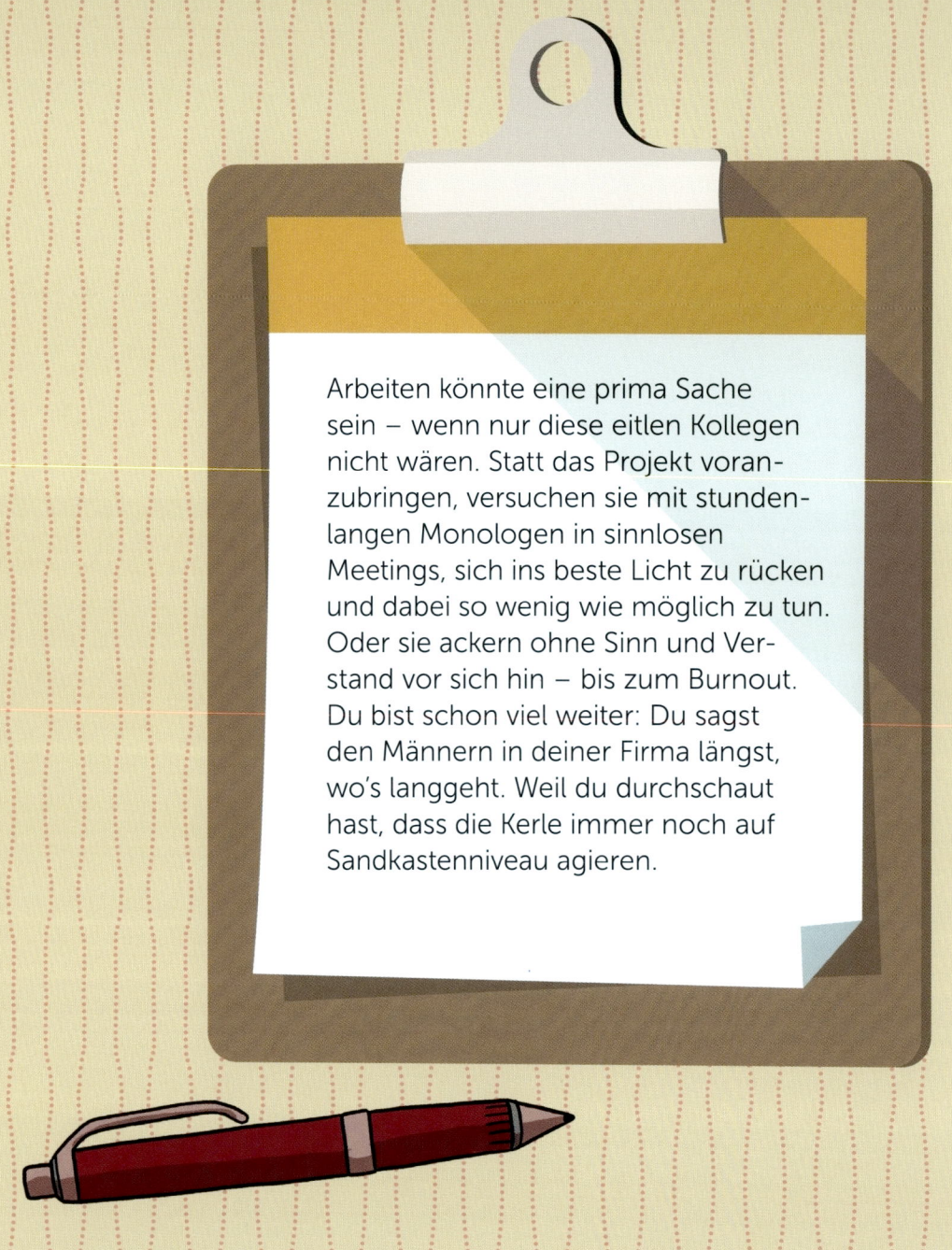

Arbeiten könnte eine prima Sache sein – wenn nur diese eitlen Kollegen nicht wären. Statt das Projekt voran-zubringen, versuchen sie mit stunden-langen Monologen in sinnlosen Meetings, sich ins beste Licht zu rücken und dabei so wenig wie möglich zu tun. Oder sie ackern ohne Sinn und Ver-stand vor sich hin – bis zum Burnout. Du bist schon viel weiter: Du sagst den Männern in deiner Firma längst, wo's langgeht. Weil du durchschaut hast, dass die Kerle immer noch auf Sandkastenniveau agieren.

## Ehevertrag?

Natürlich, oder willst du ihm
im Ernstfall die Hälfte deiner
Schuhe überlassen?!!!
Aber sei nicht zu hart –
schließlich muss der arme Kerl
im Falle eines Falles ja
irgendwie versorgt sein.

„Weißt du,
was das Beste
an meinem Mann ist?"
„Nein, was denn?"
„Seine Frau!"

# Danke!

## Du hast die Patenschaft für ein Männchen übernommen. Damit hast du der Allgemeinheit folgende Dienste erwiesen:

1. Du hast einem hilflosen Mann ein Zuhause gegeben.

2. Du hast vorher mehrere Männchen erfolgreich ausgewildert.

3. Du übernimmst stets das Steuer und erhöhst so die Sicherheit im Straßenverkehr.

4. Du hast ihm ein Mindestmaß an zivilisiertem Verhalten beigebracht – er hat gelernt, auf deine Migräne Rücksicht zu nehmen.

5. Du hast ihm einen Tagesablauf organisiert, den er intellektuell bewältigen kann: Frühstück machen, Geld verdienen, Kinder versorgen.

6. Du hast immer Recht und somit den Streit abgeschafft.

7. Wenn er stirbt, wirst du einen Rosenbusch im Stadtpark mit ihm düngen!

# WELLNESS

Wenn demnächst ein Parfum nach dir benannt werden soll – sag einfach ja.

„Du joggst nicht –
du tanzt durch den Park."
(G. Clooney in
„Barfuß in Manhattan")

„Frauen mit Ausstrahlung werden nicht älter –
ihre Aura strahlt nur heller."
(Semjon Kirlianov)

„Ich liebe diese Frauen mit Geschmack,
Anmut und einem eigenen Kopf!"
(Karl Joop)

Geburtstag?
Party!
Junge Leute machen das so!

## Traumfrauen-Test

*Hier kannst du ankreuzen, was auf dich zutrifft!*
*(Mehrfachnennungen möglich)*

○ Ich bin die Beste – also verdiene ich auch das Beste!

○ Diäten sind was für Männer!

○ Walken ist für Muttis – ich gehe catwalken.

○ Was du deine Katze gelehrt hast: Eleganz und Unabhängigkeit.

Und denk immer dran: Die Besten sterben jung –
also pass bitte auf dich auf!

20

21

*In die Familie wird frau bekanntlich reingeboren – Freundinnen dagegen kann sie sich aussuchen.*

## Hier der große Psychotest: Freundinnen vs. Familie

**Verwandtschaft ist:**

○ Aaargh!

○ Keine Ahnung, bin Single

○ Alles für mich!

○ Buckelig

○ Was für amerikanische Spielfilme

○ Das, was ohne mich im Chaos versänke

**Freundinnen sind:**

○ Yippieh!

○ Die Rettung für Weihnachten, bin Single

○ Alle für mich

○ Schnuckelig

○ Was für amerikanische Serien

○ Die, ohne die ich im Chaos versinken täte

Als deine Freundin sich getrennt hat, wart ihr alle da und wolltet sie trösten – aber es ging ihr super :-)

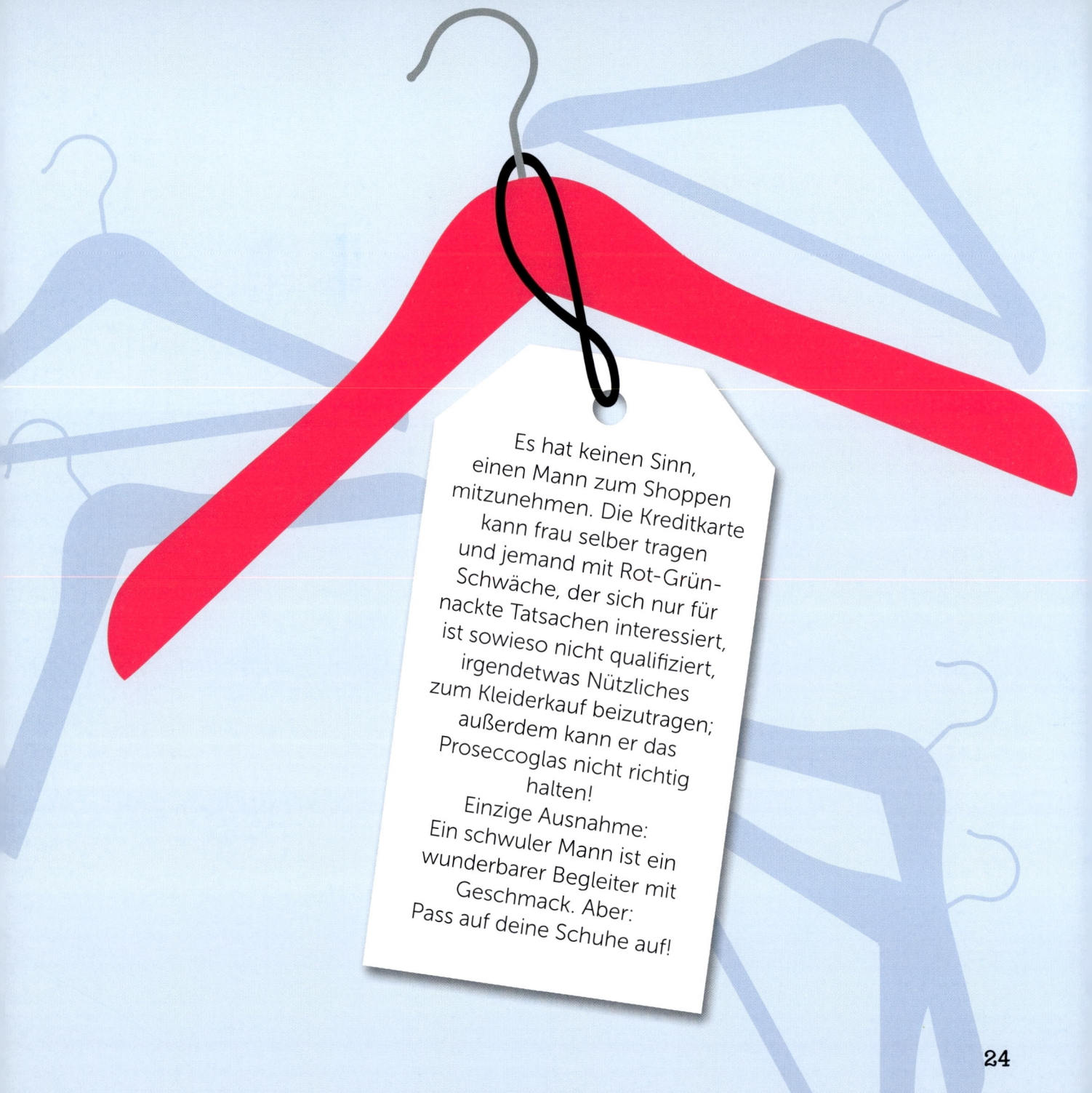

Es hat keinen Sinn,
einen Mann zum Shoppen
mitzunehmen. Die Kreditkarte
kann frau selber tragen
und jemand mit Rot-Grün-
Schwäche, der sich nur für
nackte Tatsachen interessiert,
ist sowieso nicht qualifiziert,
irgendetwas Nützliches
zum Kleiderkauf beizutragen;
außerdem kann er das
Proseccoglas nicht richtig
halten!
Einzige Ausnahme:
Ein schwuler Mann ist ein
wunderbarer Begleiter mit
Geschmack. Aber:
Pass auf deine Schuhe auf!

# URLAUB –
# endlich mal
# geht's nur um dich!

Du kannst dich einfach treiben lassen.
Du musst dich endlich mal um nichts kümmern –
man(n) kümmert sich um dich!
Du nimmst dir, was du magst – auch im Urlaub.
Urlaub ist schließlich keine Frage des WO, sondern des mit WEM.
Du kannst nichts dafür, aber du stiehlst den einheimischen
Mädchen die Show. Sogar den Meerjungfrauen.

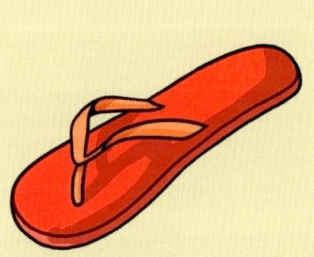

# Zitate aus Filmen, die so klug sind, dass sie von dir sein könnten:

**1.**

„Liebe heißt,
niemals
um Verzeihung
bitten zu müssen."
*(Love Story)*

**3.**

„In einem Universum
voller Zweideutigkeit
begegnet einem eine derartige
Gewissheit nur einmal,
dann nie wieder,
egal wie viele Leben
man hat!"
*(Die Brücken
am Fluss)*

**2.**

„Ich liebe dich dafür, dass dir kalt ist,
wenn es draußen 25 Grad warm ist.
Ich liebe dich dafür, dass du anderthalb
Stunden brauchst, um ein Sandwich zu bestellen.
Ich liebe dich dafür, dass du eine Falte über
der Nase kriegst, wenn du mich so ansiehst.
Ich liebe dich dafür, dass ich nach einem
Tag mit dir dein Parfum immer noch an
meinen Sachen riechen kann.
Und ich liebe dich auch dafür,
dass du der letzte Mensch bist,
mit dem ich reden will,
bevor ich abends
einschlafe."
*(Harry und Sally)*

29

# COMPUTER SIND ...

## ... das Paradies auf Erden

- Du kannst stundenlang mit deinen Freundinnen chatten, wann immer du willst.

- Du kannst jederzeit mal kurz bei Zalando vorbeischauen.

- Du kannst deinen Freundinnen via Skype die neuen Schuhe zeigen.

## ... und die Hölle

- Den ganzen Tag sitzt er vor dem Ding – man könnte doch mal was zusammen unternehmen!

- Dauernd bestellt er sich irgendwelchen Scheiß.

- Jetzt ist er wieder in seinem blöden Fußballforum unterwegs.

Du bist eine Genießerin, und das macht eine schöne Figur und einen sanften Charakter. Das kommt von den fünf F-Wörtern:

1. Freundin
2. Frisur
3. Finanzen
4. fesche Fummel
5. Felidae

ER hat seine Taille von den 5 B-Wörtern:

1. Bratwurst
2. Bier
3. Butter
4. Burger
5. mit Bommes

„Und was macht Ihr Mann so?"
„Liegt rum und bewegt sich nicht!"
„Ja, ich bin auch Witwe!"

Sagt sie zu ihm:
„Wenn einer von uns stirbt,
zieh ich ans Meer!"

Warum leben Frauen
länger als Männer?
Weil sie sich noch ein
paar schöne Jahre
verdient haben!

## Warum bringen Männer ihren Frauen so selten Blumen mit?

Ganz einfach:
Für Männer gibt es nur zwei Sorten
von Pflanzen - essbare und nutzlose.
Und da die meisten Blumen auch
nicht gut zu grillen sind, ist dem Mann
ihr Sinn gänzlich unverständlich.
Schönheit oder Wohlgeruch
sind eben keine maskulinen Prioritäten!

37

50%
Karriere

25%
Schönheitspflege,
Wellness, Shopping,
Fitness

**Work-Life-Balance –
dein persönlicher
Erfolgsmix:**

20%
Freundinnen

4,9%
Männern auf die
Sprünge helfen

0,1%
Fett

# Woran du merkst, dass man dir dein Alter nicht ansieht:

40

Der Talentscout von „Germany's next Topmodel" entdeckt dich auf der Straße und lädt dich direkt zum Casting ein.

40

Bei Douglas führt die Verkäuferin dich direkt zu den Produkten für junge Haut.

Du willst deine Tochter aus der Disco abholen – und bist plötzlich der Mittelpunkt der Party.

40

Auf dem Schulhof herrscht dich ein Lehrer an, wieso du nicht im Unterricht bist.

40

40

Deine Facebook-Freunde fragen dich, wieso du deine Tochter als Profilfoto verwendest.

41

# SIE sucht IHN

SIE (40, perfekt) gibt IHM (25, athlet., vermögend, charmant, humorvoll, treu, tierlieb) eine Chance auf ein Leben! Castingtermin Do. 17:00 Uhr im Burj al Arab. Die Jury besteht aus: meiner Mutter, meiner besten Freundin, meiner Katze, meinem schwulen besten Kumpel, meinem Steuerberater und MIR. Ich freue mich auf ein harmonisches Wochenende. Sei pünktlich und enttäusch mich nicht!

# DIE QUAL
# DER WAHL

EIN
**VERGNÜGLICHER
RATGEBER**

ZUM ERKENNEN
UND UMFAHREN
DER SCHLIMMSTEN
MÄNNERTYPEN

### Xóchil A. Schütz

# MÄNNERTEST

## KLEINE TYPENKUNDE
### Von Arschloch bis Zwischenlösung

CARLSEN

DER BADEMEISTER

Xóchil Schütz | Männertest
Kleine Typenkunde von Arschloch bis Zwischenlösung
160 Seiten | €(D) 9,99

# TOP-CARTOONS
# VON RUTHE!

40 40 40 40 40 40 40 40 40 40 40 40 40
40 40 40 40 40 40 40 40 40 40 40 40 40 4
40 40 40 40 40 40 40 40 40 40 40 40 40
40 40 40 40 40 40 40 40 40 40 40 40 40 40 4
40 40 40 40 40 40 40 40 40 40 40 40 40
40 40 40 40 40 40 40 40 40 40 40 40 40 40 4
40 40 40 40 40 40 40 40 40 40 40 40 40
40 40 40 40 40 40 40 40 40 40 40 40 40 40 4
40 40 40 40 40 40 40 40 40 40 40 40 40
40 40 40 40 40 40 40 40 40 40 40 40 40 40 4
40 40 40 40 40 40 40 40 40 40 40 40 40
40 40 40 40 40 40 40 40 40 40 40 40 40 40 4
40 40 40 40 40 40 40 40 40 40 40 40 40
40 40 40 40 40 40 40 40 40 40 40 40 40 40 4
40 40 40 40 40 40 40 40 40 40 40 40 40
40 40 40 40 40 40 40 40 40 40 40 40 40 40 4
40 40 40 40 40 40 40 40 40 40 40 40 40